AF250607

QUELQUES OBSERVATIONS

SUR LE

SYSTÈME DE DÉFENSE

DE LA FRANCE

PAR

A. DUCROT

Député de la Nièvre.

> De nos jours, le système de nos places fortes
> était devenu problématique et sans effet.
>
> (NAPOLÉON, *Mémorial de Ste-Hélène*, t. II.)

PARIS

E. DENTU, LIBRAIRE-ÉDITEUR

PALAIS-ROYAL, 17-19, GALERIE D'ORLÉANS

—

1871

Tous droits réservés.

AVIS DE L'EDITEUR.

—

Ces observations, écrites dès 1866, n'ont cependant perdu ni de leur importance, ni de leur à-propos; c'est pourquoi, certain de l'intérêt qu'y trouvera le lecteur, nous avons demandé à M. le général Ducrot l'autorisation de les publier de nouveau.

QUELQUES OBSERVATIONS

SUR LE

SYSTÈME DE DÉFENSE

DE LA FRANCE

I

Jetant un coup d'œil rétrospectif sur le système de guerre qui avait prévalu de s on temps, l'auguste captif de Sainte-Hélène s'exprimait ainsi :

« De nos jours, le système de nos places fortes était devenu » problématique et sans effet ; l'énorme quantité de bombes » et d'obus changeait tout.

» Ce n'était plus contre l'horizontale que l'on avait à se » défendre, mais contre la courbe et la développée. Aucune » des places anciennes n'était désormais à l'abri ; elles ces-» saient d'être tenables ; aucun pays n'était assez riche pour » les entretenir.

» Le revenu de la France ne pouvait suffire à ses lignes de » Flandre. » (*Mémorial*, tome II, page 446.)

Telle était l'opinion de l'Empereur, opinion qui admettait implicitement cette observation : que le système des frontiè-res de Vauban n'avait plus son efficacité.

Nous allons essayer de montrer que, de nos jours, cette inefficacité est bien plus incontestable encore qu'en 1824.

En effet, s'il est évident qu'au moment où parut le réglement des frontières du célèbre ingénieur, les conditions d'après lesquelles il avait été conçu le rendaient presque parfait, il faut admettre, pour être logique, que, ces conditions ayant changé, le système de la frontière de fer, comme l'appelait Louvois, ne peut plus être considéré comme un boulevard suffisant contre des invasions qui pourraient se produire.

Voyons quelles sont les données nouvelles qu'il faut prendre en considération.

Les traités de 1814 et de 1815 ont détruit l'ensemble de la frontière de Vauban, et ont retourné contre nous quelques-unes des places fortes destinées à nous couvrir (Marienbourg, Philippeville, Sarrelouis, Luxembourg, Landau).

Voilà déjà un changement considérable ; mais ce n'est pas là la seule raison que nous ayons à donner de notre opinion relativement à l'efficacité actuelle du système de Vauban.

En premier lieu, il faut remarquer que les progrès de l'industrie, le mouvement toujours activé des échanges, les besoins de l'agriculture, ont couvert notre pays, dans les zones frontières comme ailleurs, d'une multitude de nouvelles voies de communication, qui ont transformé la viabilité de nos provinces du nord et de l'est, en y facilitant singulièrement les mouvements de troupes destinés à éviter les places de guerre. Les chemins de fer qui sillonnent le pays ont tracé, eux aussi, de nouvelles routes d'invasion, sur lesquelles il est expédient de s'appuyer, et grâce auxquelles les concentrations sont bien plus promptes et le rôle de la défense bien plus facile. De plus, le système qui avait placé les villes fortes à une ou deux journées de marche les unes des autres, pour faciliter les ravitaillements et pour arrêter le plus possible les progrès de l'envahisseur, ce système est aujourd'hui renversé, puisque, au moyen des railways, on va en quelques heures des places de 1re ligne aux places de 3e ligne. Pour caractériser cette influence des chemins de fer sur le système des frontières de Vauban, on peut dire qu'ils l'ont bouleversé, puisqu'ils abrégent et font disparaître l'inconvénient des distances, les difficultés de concentration et les difficultés d'approvisionnements.

En deuxième lieu, les progrès réalisés par l'artillerie actuelle ont profondément modifié les conditions de l'art d'attaquer et de défendre les places.

Il est incontestable, aujourd'hui, que, la plupart du temps, le commandant en chef d'une armée ennemie cherchera à profiter de la grande portée des feux courbes pour intimider les populations et les défenseurs d'une place assiégée, et pour provoquer une capitulation qui lui permette d'épargner à ses troupes les périodes si meurtrières de la fin d'un siége en règle. En un mot, le système des bombardements, qui n'est inhumain qu'en apparence, et qui s'appliqua avec tant de succès à certains siéges de nos jours (bombardements de Longwy, de Landau, d'Ypres, de Charleroi et de Maëstricht, sous la République; de Magdebourg, de Glogau, de Valence, sous l'Empire; de Bomarsund, de Gaëte, à l'époque actuelle), ce système, disons-nous, sera appliqué généralement; et alors, si l'on veut bien réfléchir à l'importance des intérêts qui, dans nos villes fortes, si industrielles, du Nord et de l'Est, auraient à souffrir d'une pareille opération militaire, on conviendra que la défense du pays n'exige pas la conservation de toutes ces places de guerre, où ces diverses sources de la richesse nationale seraient mises en danger.

Un troisième fait, survenu en 1840, a contribué encore à diminuer l'importance actuelle de la frontière du nord-est, en bouleversant son économie: c'est la fortification de Paris, à l'aide d'une enceinte bastionnée continue et de treize forts détachés. Ce fait a une grande portée : il a donné à la capitale, au siége du gouvernement, les moyens de résistance dont tout réduit doit être pourvu. Il a mis la grande ville à l'abri d'un coup de main que l'ensemble des fortifications de Vauban avait pour but de retarder, en arrêtant l'ennemi loin de Paris aussi longtemps que possible.

Nous nous résumons. Dans les conditions où elle a été édifiée, la frontière de Vauban était excellente. Mais aujourd'hui que trois faits considérables, ceux que nous venons de développer, ont fait disparaître ces mêmes conditions, ne nous est-il pas permis de dire que ce serait par le plus grand effet du hasard que cette frontière resterait pourvue de son efficacité antérieure? Quelque chose est donc à faire, et c'est pour cette raison que nous nous croyons autorisé à étudier un plan de défense de la France, tel que nous le concevons, d'après les données contemporaines de l'art militaire.

A l'appui de notre thèse, nous citerons les observations suivantes que le savant général Haxo a consignées dans un Mémoire qu'il rédigea, en 1819, après une minutieuse et remarquable reconnaissance de la frontière de l'est. Voici les paroles de ce spécialiste si autorisé :

« La cession de Landau prive la Basse-Alsace de ses meilleurs moyens de défense ; et la guerre sera, dorénavant, beaucoup plus difficile à soutenir, sur cette partie de nos frontières, qu'elle ne l'a été en 1793.

» La perte de Sarrelouis me paraît encore plus nuisible, pour la défense de la Lorraine, que celle de Landau pour la protection de la Basse-Alsace... La ligne de la Sarre, qui offrait autrefois à notre armée une position avantageuse, n'existe plus maintenant qu'en faveur de l'ennemi...

» La Lorraine occupée, l'armée du Bas-Rhin se trouvera privée de toute communication avec le reste du royaume ; inquiétée sur son flanc gauche, elle n'osera plus demeurer dans les lignes de Wissembourg et se repliera probablement jusqu'à Strasbourg pour se mieux appuyer. L'ennemi, prenant les Vosges à revers, rendra nuls tous les retranchements qui auront été faits pour en défendre les passages ; il donnera la main à ceux de ses alliés qui auront pénétré par Bâle ; et cette opération, en isolant complétement l'Alsace et les Vosges, compromettrait les troupes chargées de les défendre.

» Je conclus de tout ce qui précède, dit en terminant le général Haxo, 1° qu'il faut fermer les passages des Vosges par des forts, de manière que l'ennemi ne puisse pas, sans un siége ou sans un long travail, passer d'Alsace en Lorraine avec son artillerie et ses bagages ; 2° qu'il faut relever les fortifications de Marsal et de Toul, et les mettre en bon état ; 3° qu'il faut former, avant la guerre, les lignes de la Seille et préparer les écluses qui doivent en étendre les inondations ; 4° qu'il peut être utile d'enceindre la ville de Bitche d'un rempart pour donner à cette place plus de capacité et la mettre en état de recevoir une garnison de 2,000 ou 3,000 hommes ; 5° qu'il faut fortifier dans les Vosges les points suivants : Bitche, Lichtenberg, La Petite-Pierre, Phalsbourg, Schirmeck, Steige, Sainte-Marie-aux-Mines, Le Bonhomme, Saint-Maurice jusqu'à Belfort ; 6° que, pour empêcher l'ennemi, venant de Bâle, de s'étendre en Alsace, après avoir passé le canal du Rhône au Rhin, et de culbuter le corps qui serait placé vers Mulhouse, il serait convenable que cette ville fût fortifiée, en dépit de quelques difficultés locales (1). »

Aujourd'hui, les lacunes que signalait le savant général sont loin d'avoir été comblées, puisque l'on n'a exécuté son programme que relativement à Marsal, à Toul et à Bitche. Il en résulte que la vulnérabilité qu'il avait indiquée dans la frontière subsiste, pour ainsi dire, en entier. Il faut donc aviser à remédier à un pareil état de choses ; pour cela, deux moyens sont en présence : adopter le plan du général Haxo, en augmentant les points fortifiés, ou se rallier à un nouveau système défensif de la France. Or, comme les conditions nouvelles de l'augmentation des routes, du tracé des chemins de fer, des progrès de l'artillerie et de la fortification de Paris, n'existaient pas du temps de cet officier général, nous en concluons que c'est en dehors de la solution qu'il a présentée que nous devons chercher les bases de ce système défensif dont nous allons présenter l'économie.

(1) *Mémoire sur la Frontière de l'Est et sur la Défense de la Lorraine* par le général Haxo. Paris, 1819. (*Passim.*)

II

En examinant la configuration géographique de la France, en étudiant les différentes invasions qu'elle a eu à subir, l'on remarque trois grandes trouées dans la frontière, d'autant plus favorables à l'invasion, qu'elles convergent vers Paris, objectif définitif de tout envahissement.

Ces trois grandes trouées sont : celle de l'Oise, qui donne accès, par le chemin le plus court, sur la capitale ; celle de la Moselle, qui permet de pénétrer dans la vallée de la Marne ; celle de Belfort, qui ouvre les chemins de la vallée de la Haute-Saône et de la vallée de la Haute-Seine. Vouloir fermer à la fois l'accès de ces trois trouées sur la frontière même, au moyen de places fortes nombreuses, c'est s'exposer à un grand désastre, car l'ennemi, accumulant ses moyens d'action sur l'un des trois débouchés, peut toujours le forcer et tourner ainsi les deux autres. Les forces employées sur la frontière, pour garder l'accès de ces trouées, sont donc annihilées, et il est trop tard pour opérer une concentration rapide, première condition d'un succès certain. Notons de plus que la nécessité de garnir les nombreuses places fortes qui couvrent actuellement la France, a l'inconvénient, d'abord de disséminer et de consumer inutilement une grande quantité des forces disponibles ; ensuite, une fois prises par l'ennemi, elles pourront lui servir de base d'opérations. Il vaut mieux ne conserver que les quelques points qui, incontestablement capables de résister sérieusement, auront pour effet de retarder les progrès de l'ennemi et de menacer ses lignes de retraite, s'il veut passer outre.

Reportons-nous maintenant à ce qui se passe dans toute action de guerre. Il faut, dans un combat, diviser ses forces en trois parties : une avant-garde destinée à engager l'action ; un corps de bataille ayant pour mission de produire le grand effet ; une réserve dont le rôle est de faire événement, d'amener un dénouement plus ou moins complet, bref, de parer à toutes les éventualités.

De même, dans la défense d'un pays, on doit avoir :

1° Un petit nombre de places offensives, placées en première ligne, assurant des débouchés prompts et faciles sur les grandes vallées qui, partant de la frontière, vont aboutir au Rhin, et où l'on puisse, soit concentrer les troupes, soit préparer les moyens matériels qui doivent faciliter le mouvement de ces dernières ;

2° Des places défensives, flanquées de vastes camps retranchés, permettant de préparer, en toute sûreté, la défense de la capitale et même l'offensive contre l'envahisseur, se reliant à Paris et entre elles par des voies ferrées, de façon à concentrer, en quelques heures, les forces disponibles de la France sur le point où l'on veut écraser les ennemis dont chaque armée se trouve isolée ;

3° Enfin, une vaste place d'armes servant de réserve, et qui est Paris, situé au centre de l'arc de cercle que forme notre frontière de Dunkerque à Bâle.

Il est impossible, on le conçoit sans peine, de songer à défendre l'entrée de la France sur tous les points de cet arc de cercle, dans l'hypothèse d'une invasion et d'une coalition générales. Les forces défensives devant toujours être inférieures en nombre aux forces envahissantes, il n'est possible de résister, avec chance de succès, qu'à la condition d'une concentration facile et assurée, et d'une grande rapidité de mouvements dans tous les sens. Et l'on ne peut réaliser cette condition que si l'on organise la défense sur la corde de cet arc de cercle, en des points tels qu'ils soient reliés à Paris par des voies ferrées directes, qu'ils communiquent les uns avec les autres par des railways transversaux, et qu'ils se rattachent à la frontière par des lignes de fer divergentes.

Tels sont les principes que nous déduisons de l'état actuel des choses. Passons aux moyens que nous croyons les plus propres à remplir les conditions précédemment énoncées.

III

Les places d'offensive doivent être.telles qu'elles puissent servir à déboucher dans les vallées de l'Escaut, de la Sambre, de la Meuse, de la Moselle, du Neckar, de la Kinzig, du Danube et du Rhin suisse.

Les places déjà fortifiées de Lille, Mézières, Metz, Strasbourg et Belfort, placées en première ligne, répondent exactement à ces conditions.

Ainsi, de Lille, base d'opérations entre la mer et l'Escaut, entre l'Escaut et la Sambre, on débouche dans la Flandre wallonne et dans le Brabant.

De Mézières, base d'opérations entre la Sambre et la Meuse, entre la Meuse et la Moselle, on peut s'élancer dans les deux Luxembourg.

De Metz, base d'opérations entre la Meuse et la Moselle, entre la Moselle et les Vosges, on envahit la Prusse rhénane et le grand-duché d'Oldenbourg.

De Strasbourg, base d'opérations entre les Vosges et le Rhin, entre le Rhin et la Forêt-Noire, on gagne la Bavière rhénane et le grand-duché de Bade, d'où on peut atteindre la Hesse-Darmstadt ou les sources du Danube.

De Belfort, base d'opérations pour menacer les sources du Danube, du Rhin et du Doubs, on peut atteindre les villes forestières, route du Danube, et pénétrer en Suisse, pour avoir la clef de l'entrée du Tyrol.

Relativement à l'espace compris entre Strasbourg et Belfort, on pourrait se demander s'il ne serait pas utile de se ménager la possession de Neuf-Brisach, afin d'avoir un prompt débouché sur le val d'Enfer et d'éclairer le Rhin; mais cette position ne peut devenir d'une efficacité réelle que si, au moment de l'invasion des Français en Allemagne, on la couvre par une forte tête de pont, et si, préalablement, on la relie, par un embranchement, à la voie ferrée de Strasbourg à Bâle; et même, comme le débouché par Neuf-Brisach n'a d'action que sur le Haut-Danube, en passant par le val d'Enfer, route médiocre pour l'offensive, nous croyons qu'il serait préférable de réédifier Huningue, sentinelle avancée de Belfort, qui permet de gagner Donaueschingen, par les villes forestières.

Pour compléter ce que nous avons à dire relativement aux grandes places que nous venons de citer, nous devons ajouter qu'il semble indispensable de les flanquer par des ouvrages détachés, ayant pour but de les protéger contre les bombardements (1); de telle façon que, suffisamment armées, occupées et approvisionnées, elles puissent, dans certains cas, jouer un rôle aussi important au point de vue de l'offensive que de la défensive; car les garnisons de Lille et de Mézières peuvent se porter sur les derrières d'un ennemi battu dans la vallée de l'Oise et lui couper toute retraite; celles de Mézières, Metz et Strasbourg jouent le même rôle pour l'ennemi battu dans la vallée de la Marne; celles de Strasbourg et de Belfort feront de même pour l'armée envahissante, défaite après avoir tenté de franchir la route de Belfort.

Enfin, les indications suivantes, relatives à la jonction de ces cinq places fortes avec Paris et avec les pays étrangers qui en sont limitrophes, prouvent qu'elles sont, sous le rapport de la promptitude et de la facilité des mouvements, dans des conditions excellentes.

Ainsi, Lille est relié à Paris par deux lignes ferrées parallèles; la durée moyenne du trajet est de 9 heures; et à la Belgique, par les lignes de Bruxelles et de Liége.

Mézières communique avec Paris, par la ligne des Ardennes, trajet en dix heures; et avec les villes de Maëstricht, Aix-la-Chapelle et Cologne, par les chemins belges et allemands.

Metz est relié à Paris par la ligne de l'Est, durée du trajet

<hr>

(1) Dans l'état actuel des choses, par exemple, Strasbourg ne tiendrait pas huit jours, nous en avons la conviction, contre une armée victorieuse ayant avec elle un matériel de siége suffisant; car l'ennemi peut, du premier coup, arriver à établir ses batteries assez près du corps de la place, pour qu'un bombardement bien dirigé ne laissât aucun quartier de la ville intact.

10 heures; et de Metz on gagne Luxembourg, Trèves et Sarrebruck, par le réseau Guillaume-Luxembourg.

Strasbourg se rattache à Paris en 14 heures, par le réseau de l'Est; il communique avec la Prusse rhénane par la ligne Bàle-Cologne; avec le grand-duché de Bade, le Wurtemberg et la Hesse, par les réseaux de ces divers pays.

Belfort est relié à Paris par la ligne Paris-Mulhouse en 15 heures. De cette ville on gagne le sud du grand-duché de Bade, la Bavière et la Suisse, par le Nordschweizer-Bahn.

IV

Nous arrivons maintenant à ce qui concerne les places de seconde ligne.

Elles doivent, avons-nous dit, se trouver sur la corde qui sous-tend l'arc de cercle formé par la frontière du nord-est.

Il existe précisément, sur cette ligne, trois points dont deux sont déjà fortifiés et l'autre peut former un vaste camp retranché. Admirablement placés pour jouer le rôle de places défensives, soit par leur position géographique, soit par leur situation topographique, ces trois points sont : Laon, le camp de Châlons et Langres.

Nous allons, pour chacune de ces positions, dire en peu de mots quelles sont leurs conditions géographiques et topographiques.

Laon est située sur un mamelon isolé, en avant du soulèvement confus et haché qui commence sur les bords de l'Oise, à Saint-Gobain, et se continue par les hauteurs de Craonne et de la forêt de Reims. Une plaine de quelques lieues seulement sépare Laon de la vallée de l'Oise; déjà ceint de murailles et garni d'une citadelle magnifiquement placée sur la point culminant de la hauteur, Laon pourrait gagner en force militaire si l'on couronnait d'ouvrages les deux collines qui l'avoisinent et si on formait, autour de la base du mamelon sur lequel la ville est perchée, un vaste camp retranché.

Les communications de Laon avec Paris et les autres points du système de défense de la France, sont les suivantes : de Laon à Paris (ligne du Nord), en 4 heures. — De Laon à Lille (même réseau), trajet en 10 heures. — De Laon à Mézières (ligne des Ardennes), trajet en 7 heures. — De Laon au camp de Châlons (ligne de l'Est), trajet en 2 heures.

Laon serait donc le point où devrait se concentrer l'armée destinée à opérer contre un envahisseur venu par la route de l'Oise ou par la vallée de l'Aisne.

Le second point défensif est le camp de Châlons, qui réunit, à l'heure qu'il est, le triple avantage d'être un boulevard pour la frontière, une école pour notre armée et une base de fertilisation pour les plaines crayeuses de la Champagne.

Il s'étend au milieu des vastes plaines de cette province, à cheval sur les quatre artères qui sillonnent le bassin de la Marne, en se juxtaposant sur presque toute leur longueur, et qui sont : le cours de la Marne, le canal de la Marne au Rhin, le chemin de fer de Paris à Strasbourg et la route de Paris à Nancy.

Adossé aux hauteurs de la forêt de Reims, le camp de Châlons est quelque peu mamelonné, de façon à permettre de le retrancher avantageusement,

Deux cours d'eau (Suippe, Vesle) et un canal (jonction de la Marne à l'Oise) l'avoisinent, et l'eau se trouve partout où on creuse le sol. Ce sont là des avantages considérables pour l'établissement d'un vaste réduit au milieu de ces plaines arides.

Quant aux communications du camp avec les autres places du système, par la voie ferrée, elles sont des plus faciles et des plus rapides. Ainsi, Mourmelon est relié à Paris par la ligne Paris-Châlons et l'embranchement du camp ; trajet en 4 heures. Il communique avec Laon, en deux heures, par une section du réseau de l'Est ; avec Langres, par le même réseau, en 7 heures ; et le chemin de fer, actuellement en construction de Reims à Metz, par Verdun, traverse le camp et le réunira à la grande place forte de la Lorraine, par un trajet de 5 heures.

Ainsi, le camp de Châlons, situé centralement par rapport aux deux autres points défensifs, pourrait servir en cas de besoin, à la jonction des forces concentrées à Laon et à Langres; il se trouve en face de l'ennemi qui aurait franchi la Lorraine et s'avancerait sur Paris par la vallée de la Marne; il surveillerait encore les défilés, aujourd'hui faciles à passer, de l'Argonne et de la Meuse; il disputerait efficacement à l'ennemi l'accès de ce quadrilatère, dont les alliés, en 1814, voulaient s'assurer, et qui est limité par deux lignes allant l'une de Soissons à Sainte-Ménéhould, et l'autre de Montereau à Saint-Dizier.

Notre troisième point défensif, Langres, a reçu de la nature une position également admirable pour servir de place de concentration à l'armée française ayant pour mission d'empêcher l'ennemi de s'emparer des routes de la Haute-Marne, de la Haute-Seine et de la Haute-Saône, après avoir pénétré en France par la trouée de Belfort. Que si l'envahisseur était entré par le Jura, en violant la neutralité de la Suisse, et cherchait à passer dans la Haute-Seine, par Dijon, en tournant Lyon, l'armée concentrée à Langres attirerait à elle celles de Châlons et de Laon, au besoin, et couperait l'ennemi de sa ligne de retraite.

Géographiquement, Langres est situé sur la ligne de partage des eaux de la France, entre les sources de la Marne, de l'Aube, de la Saône et de la Seine.

Topographiquement, il est bâti sur l'extrémité d'une vaste croupe aplatie, haute de (473), dominant tout le pays environnant et s'avançant au nord entre le cours supérieur de la Marne et celui d'un de ses petits affluents.

La route et le chemin de fer de Paris à Bâle passent au pied de la ville, qui est déjà ceinte de fronts bastionnés et à laquelle on pourrait adosser, au sud, un vaste camp retranché.

Langres communique avec Paris, en 9 heures, par la ligne de Bâle; avec Belfort, en 4 heures, par la même voie; quant à ses communications avec Châlons et avec Laon, nous les avons indiquées antérieurement.

V

Telle est l'économie du système que nous entrevoyons pour la défense de la France au nord-est.

Nous ne nous sommes pas préoccupé de ce qui concerne la défense de la frontière actuelle de l'est et du sud, n'en ayant pas fait d'étude spéciale, car le commandement militaire que nous exerçons, à l'extrémité même de la frontière d'Allemagne, a plus spécialement attiré notre attention sur ce côté de la question. Dans tous les cas, la rectification des limites politiques, réalisée par le traité de Turin (mars 1860), a largement contribué à rendre notre frontière du sud-est d'une solidité presque certaine.

Les places de Grenoble et de Besançon, en 1re ligne, et celle de Lyon, en arrière, y joueraient, d'ailleurs, en cas d'attaque ou de défense, un rôle analogue à celui que nous avons indiqué pour les places de guerre du nord-est.

Le nouveau système de ces places, disons-le en terminant, nous paraît devoir remplir toutes les conditions indispensables pour parer à toute éventualité ; il est en rapport avec les données nouvelles qui ont modifié les règles de la tactique et de la stratégie. Grâce au choix de leur position, grâce à leur importance, les villes fortifiées sur lesquelles nous avons attiré l'attention seront suffisantes pour appuyer nos armées dans l'offensive comme dans la défensive, et chacune d'elles jouera son rôle, de quelque côté que vienne ou se prépare l'attaque.

Les hommes des compagnies hors rang, les dépôts, les compagnies d'ouvriers, les vétérans, les malingres, les écloppés, augmentés au besoin de quelques bataillons de gardes nationales, suffiront largement pour occuper les corps de place, les forts détachés, les réduits des camps retranchés ; et toute l'armée active restera disponible pour agir en rase campagne. L'accumulation d'un matériel considérable d'artillerie et d'approvisionnements assurera toujours la supériorité à la défense contre l'attaque. Des chefs timides, incertains, ébranlés par une défaite, ne seront plus tentés de se retirer dans quelques bicoques qui ne peuvent jouer aucun rôle, au point de vue de la défense générale du pays ; les points de repère seront trop bien indiqués pour que la moindre hésitation devienne possible.

Nous ne savons pas, il est vrai, si la solution que nous présentons ici est la meilleure.

Dans tous les cas, elle mérite, croyons-nous, que tous les hommes se préoccupant de la grandeur et de la sûreté nationales la prennent en considération ; car, en réfléchissant sérieusement à l'état actuel de la question, et en laissant de côté tous ses petits aspects, ils ne pourront manquer de reconnaître avec nous que le système des frontières de Vauban a fait son temps, et que, en s'inspirant des mêmes idées que ce grand homme de guerre, l'on arrive à des conclusions différentes, parce que, de nos jours, les armées n'agissent plus dans les mêmes conditions qu'autrefois.

Paris, imp. Balitout, Questroy et C", 7, rue Baillif.